BEI GRIN MACHT SICH IHR WISSEN BEZAHLT

- Wir veröffentlichen Ihre Hausarbeit,
  Bachelor- und Masterarbeit

- Ihr eigenes eBook und Buch -
  weltweit in allen wichtigen Shops

- Verdienen Sie an jedem Verkauf

Jetzt bei www.GRIN.com hochladen und kostenlos publizieren

Maximilian Stangier

Wilhelm von Humboldt – Bildungsphilosophie und Menschenbild

GRIN Verlag

Bibliografische Information der Deutschen Nationalbibliothek:

Die Deutsche Bibliothek verzeichnet diese Publikation in der Deutschen National-
bibliografie; detaillierte bibliografische Daten sind im Internet über http://dnb.d-
nb.de/ abrufbar.

Dieses Werk sowie alle darin enthaltenen einzelnen Beiträge und Abbildungen
sind urheberrechtlich geschützt. Jede Verwertung, die nicht ausdrücklich vom
Urheberrechtsschutz zugelassen ist, bedarf der vorherigen Zustimmung des Verla-
ges. Das gilt insbesondere für Vervielfältigungen, Bearbeitungen, Übersetzungen,
Mikroverfilmungen, Auswertungen durch Datenbanken und für die Einspeicherung
und Verarbeitung in elektronische Systeme. Alle Rechte, auch die des auszugsweisen
Nachdrucks, der fotomechanischen Wiedergabe (einschließlich Mikrokopie) sowie
der Auswertung durch Datenbanken oder ähnliche Einrichtungen, vorbehalten.

Impressum:

Copyright © 2010 GRIN Verlag, Open Publishing GmbH
Druck und Bindung: Books on Demand GmbH, Norderstedt Germany
ISBN: 978-3-640-82890-6

Dieses Buch bei GRIN:

http://www.grin.com/de/e-book/166620/wilhelm-von-humboldt-bildungsphilosophie-
und-menschenbild

GRIN - Your knowledge has value

Der GRIN Verlag publiziert seit 1998 wissenschaftliche Arbeiten von Studenten, Hochschullehrern und anderen Akademikern als eBook und gedrucktes Buch. Die Verlagswebsite www.grin.com ist die ideale Plattform zur Veröffentlichung von Hausarbeiten, Abschlussarbeiten, wissenschaftlichen Aufsätzen, Dissertationen und Fachbüchern.

Besuchen Sie uns im Internet:

http://www.grin.com/

http://www.facebook.com/grincom

http://www.twitter.com/grin_com

Wilhelm von Humboldt –

Bildungsphilosophie und Menschenbild

Referatsarbeit

Aus der Seminarreihe Theorien der Berufsbildung

„Bildung durch Berufliche Bildung?"

Autor:

Maximilian Stangier

2010

Inhaltsverzeichnis

1. Einleitung

Wilhelm von Humboldt ist in jüngster Zeit wieder in aller Munde. Gerade im universitären Lehrbereich wird im Rahmen der Verwirklichung des Bologna-Prozesses Wilhelm von Humboldt gern bemüht, um mit großem Pathos den Untergang der freien Bildung zu beklagen. Es steht sein Name für Freiheit und Einheit von Lehre und Forschung. Ob das Bachelor und Master-System nun einen Rückschritt bedeutet, kann und soll an dieser Stelle nicht diskutiert werden. Während die eine Seite den „Atemberaubenden Untergang der deutschen Universität" beklagt, spricht die andere Seite vom verklärten Bildungsbegriff Humboldts und erklärt die Vorgänge zu den normalen Globalisierungseffekten im Bereich der universitären Bildung (vgl. Wagner 2008, Der verklärte Humboldt; Seibt 2007, Ende einer Lebensform). Dokumentiert wird mit dieser Debatte allerdings recht eindrucksvoll, wie aktuell eine Persönlichkeit ist, die vor ziemlich genau 200 Jahren gerade einmal 1 ½ Jahre im Staatsdienst reformerisch tätig war. Humboldt ist damit allerdings zum Mythos geworden, zum Begründer des Weltweit in dieser Form einzigartigen Begriffes der *Bildung*. In der Kürze dieser Ausarbeitung wird Wilhelm von Humboldt aus diesem Grunde nun Gegenstand der genaueren Untersuchung.

Neben einer kürzeren Betrachtung des Bildungsbegriffes am Ende wird in dieser Arbeit der Schwerpunkt auf die Betrachtung der Lernerfahrungen und Lebensführung Humboldts gelegt. Sie sind letztlich als Begründung für seine Zielsetzungen zu verstehen und leiten implizit auf den inhaltlichen Rahmen des Bildungsbegriffes hin; das was Wilhelm und seinem Bruder Alexander von Humboldt zuteilwurde lässt sich als idealtypische Voraussetzung zur Kultivierung dessen betrachten, was Humboldt später selbst als Bildung charakterisiert.

Der Aufbau dieser Arbeit gliedert sich dementsprechend in der Kürze in eine Betrachtung des Lebens Wilhelm von Humboldts, in eine Auseinandersetzung mit den zeitgeschichtlichen Strömungen der Zeit sowie der Darlegung des Bildungsbegriffes.

2. Zur Person Wilhelm von Humboldt

Geboren wurde Wilhelm von Humboldt in der zeitgeschichtlich bedeutenden zweiten Hälfte des 18. Jahrhunderts, am 22. Juni 1767 in Potsdam (vgl. Geier 2009, S.20). Der Vater, Major Alexander Georg von Humboldt, war zu diesem Zeitpunkt als Kammerherr[1] am preußischen Hofe angestellt, die Mutter, Marie Elisabeth von Holwede, 1765 verwitwet und mit dem Major gerade im ersten Ehejahr verheiratet (vgl. Geier 2009, S.20). Neben einem Halbruder aus der ersten Ehe der Mutter hatte Wilhelm einen später ebenfalls zur Berühmtheit gelangenden Bruder, den am 14. September 1769 geborenen Alexander von Humboldt, der fortan mit ihm zusammen die von den Eltern bestimmte Ausbildung durchlebte.

Wilhelm und Alexander von Humboldt verbrachten ihre Kindheit und frühe Jugend in Tegel, in unmittelbarer Nähe von Berlin, in erster Linie mit der Schulung des Geistes. Obwohl es für preußischen Adel, zu dem sie zählten, an sich zur Tradition geworden war, der Aneignung von Bildung wenig Bedeutung beizumessen und die Aufwendungen dafür gering zu halten, waren in der Familie Humboldt die Traditionen des aufstrebenden Bürgertums lebendig geworden (vgl. Paterna 1967, S.12). Die Vorfahren waren Handwerker und Beamte gewesen und hatten sich durch Fleiß und Bildung ausgezeichnet. Erst dem Großvater war der Adelstitel verliehen worden, welcher so aber letztlich einer gediegeneren Bildung nicht im Weg stand.

Die Eltern der Brüder Humboldt galten selbst als gebildet und mit den Ideen der Aufklärung, insbesondere mit den pädagogischen Grundsätzen Rousseaus vertraut. Dementsprechend verwandten sie große Sorgfalt darauf, ihren Söhnen eine Erziehung angedeihen zu lassen, die diesen Ideen entsprach (vgl. Paterna 1967, S.13). Schon von frühester Jugend an erfuhren die Brüder ihre Ausbildung durch private Erzieher und Hofmeister von Rang und Namen denen die Eltern die Unterrichtung der Kinder übertrugen. Zunächst wurden die jungen Brüder von Joachim Heinrich Campe betreut, einem Vertreter und Entwickler der Gedanken Rousseaus sowie des deutschen Philanthropismus, später dann von Gottlob Johann Christian Kunth. Gerade Kunth erwähnen beide Brüder in späteren Aufzeichnungen immer wieder lobend wegen seiner verständnis- und hingebungsvollen Erziehungstätigkeit (vgl. Paterna 1967, S.13). Kunth erkannte die außergewöhnliche Begabung seiner Zöglinge und war sich vor allem der Grenzen seiner eigenen Wirkungsmöglichkeiten bewusst. So war er stets bemüht die Brüder mit bedeutenden Persönlichkeiten im nahen Berlin

---

[1] Inhaber eines Hofamtes

zusammen zu führen, die sie mit wichtigen Gebieten der Wissenschaft und Philosophie vertraut machen sollten (Paterna 1967, S.13).

Wilhelm von Humboldt erhielt neben Unterricht aus den unterschiedlichsten Gebieten der Wissenschaften Vorlesungen zu Naturrecht und Philosophie sowie Staatsrecht. Mit 20 Jahren, am 1. Oktober 1787, begann er schließlich mit seinem Bruder an der Universität in Frankfurt (Oder) ein Studium für Rechtswissenschaften (vgl. Paterna 1967, S.14). Dem äußerst günstigen Verlauf seiner Ausbildung bis zur Aufnahme des Jura-Studiums ist es wohl anzulasten, dass sich in wachsendem Maße sein Blick für die Schwächen und Einseitigkeiten der Aufklärung und der ihr eigenen Erziehungssystematik schärfte. Eine trockene und ermüdende Auseinandersetzung mit lebensfremder Dogmatik sowie juristischen Begriffsspielereien einer von der Erfahrung losgelösten Metaphysik erregten so auch schnell seine Kritik und seinen Widerwillen. Dies führte im folgenden Jahr, 1788, zum Wechsel an die Universität zu Göttingen an der er, obwohl er sich als studiosus juris immatrikulieren lies, philosophische, philologische und auch archäologische Studien aufnimmt. Unter der Anleitung von Christian Gottlieb Heyne werden die mit Eifer betriebenen Studien zu einem bedeutenden Wendepunkt in Wilhelms Leben (vgl. Menze 1966, S.10ff).

Humboldt befasst sich fortan intensiver mit Themen wie der Metaphysik von Leibniz und der ersten Kritik Kants. Er entwickelt einen neuen Elan welcher sich unter anderem in einem „jugendlich frisch aussprechenden Gefühlsüberschwang in den Briefen an Caroline von Dacheröden[2]" äußert (vgl. Menze 1966, S.10). Verstärkt beginnt er am gesellschaftlich-politischen Geschehen seiner Zeit zu partizipieren und entwickelt die Freundschaften und Kontakte die seine sich entwickelnden Grundlinien mit begründen.

Zu den Größen die in den 1780er und 1790er Jahren prägend auf Wilhelm von Humboldt wirken gehören neben dem deutschen Naturforscher Georg Forster und dem Jugendfreund Goethes und Philosophen Friedrich Heinrich Jacobi auch Friedrich Schiller, mit dem ihn später eine innige Freundschaft verband, sowie Johann Wolfgang von Goethe selbst (vgl. Menze 1966, S.10ff; Paterna 1967, S.16ff). 1789 erlebt Humboldt zusammen mit seinem alten Lehrmeister Campe, den er am 18. Juli 1789 in Holzminden trifft, den Ausbruch der Französischen Revolution. Getragen von dem Wunsch die Ereignisse, als große Weltbegebenheit verstanden, zu erleben, reisen sie zusammen nach Paris, welches sie am 3. August 1789 erreichen (vgl. Geier 2009,

---

[2] Seine spätere Braut und Gattin (vgl. Paterna 1967, S.15).

S.108f). Der dortige Anblick der vielen unterschiedlichen, charismatischen Persönlichkeiten, wie sie die Revolution hervorgebracht hatte, bestärkte Humboldt in seiner Hochschätzung einer Bildung, die auf die Entfaltung aller individuellen Anlagen gerichtet ist (vgl. Paterna 1967, S.17).

Nach der Rückkehr aus Paris und der Beendigung seines Studiums übernahm er 1790 zuerst die Pflichten eines Referendars am Kammergericht zu Berlin, ersuchte aber bereits 1791 um seine Entlassung. In der folgenden Zeit widmete sich Humboldt, seine familiär begründete finanzielle Unabhängigkeit nutzend, in Ruhe und Einsamkeit dem Studium der Kant'schen Philosophie und des Griechentums (vgl. Paterna 1967, S.18). Nach dem Tod der Mutter 1796, der Vater war bereits 1779 gestorben, erbten die Brüder Humboldt das beträchtliche Vermögen der Familie und die Möglichkeit ihre Wünsche nach längeren Reisen zu verwirklichen wurde wahrgenommen (vgl. Paterna 1967, S.24). Wilhelm zog in der Folge mit seiner Familie nach Paris wo sein Haus bald ein Sammelpunkt wissenschaftliche interessierter Persönlichkeiten wurde mit denen er tiefgehende philosophische Diskussionen führte und versuchte, Verständnis für die Grundpositionen und Besonderheiten der neuesten deutschen Philosophie zu wecken. Insbesondere die Werke Kants und Fichtes standen oft im Mittelpunkt (vgl. Paterna 1967, S.24). Im Herbst 1801 kehrte Humboldt schließlich nach Deutschland zurück um 1802 nach Rom zu reisen um dort die nächsten 6 Jahre zu leben. Hier nahm er den Posten des preußischen Ministerresidenten beim päpstlichen Stuhl an und sein Haus in Rom wurde abermals zum gesellschaftlichen Mittelpunkt der Rom aufsuchenden oder in Rom lebenden Deutschen (vgl. Paterna 1967, S.25).

Ein neuer, und gleichzeitig der wohl für die Nachwelt bedeutendste Abschnitt im Leben Wilhelm von Humboldts, begann mit der Niederlage Preußens gegen Napoleon 1806/07, die den Beginn der preußischen Reformen zur Folge hatte (vgl. Maskolat 1967, S.29). In der Folge wurde der römische Gesandtenposten abgeschafft und Freiherr von Stein schlug dem König Humboldt als Erziehungsminister vor. Humboldt selbst war von diesem Vorschlag zunächst nicht begeistert, willigte aber schließlich ein und wurde so am 10. Februar 1809 zum Geheimen Staatsrat und Direktor der Sektion für Kultus und Unterricht im Ministerium des Innern (vgl. Maskolat 1967, S.30). Sein Wirken zeichnet sich durch Leistungen aus wie die Neustrukturierung des Schulwesens, die Gründung der Berliner Universität sowie sein Kampf für die Weiterführung der Steinschen Reformen. Es war auch letztlich nicht sein

Wirken im Bildungswesen, welches ihn wieder vom Staatsdienst abkehrte, vielmehr führten andere nicht von Erfolg gekrönte politische Bestrebungen, wie das befürworten eines Staatsrates, zu seinem Rücktritt Ende 1810 (vgl. Maskolat 1967, S.31f). In der Folgezeit besetzte Wilhelm von Humboldt politisch nur noch faktisch bedeutungslose Ämter und besann sich wieder auf seine Studien. Er erlebte die politisch umwälzenden Jahre der Befreiungskriege als Höhepunkte in seinem Leben und nahm aktiv, in Form von Analyse und Kommentierung, daran teil. In der Auseinandersetzung mit Humboldt standen neben vielen Koryphäen der Zeit der preußische Staatskanzler Hardenberg, der Fürst von Metternich sowie die preußischen Generäle Scharnhorst und Gneisenau (vgl. Maskolat 1967, S.34). Die Vertretung bürgerlich-revolutionärer Forderungen sowie humanistischer Ideen entfernte Humboldt allerdings mit der Zeit immer mehr von den Hauptströmungen der politischen Führung. Als dann im Sommer 1819 die reaktionären Kräfte das Attentat des radikalen Studenten Sand auf den Schriftsteller Kotzebue zum Vorwand nehmen, jede bürgerliche Opposition sowie die Burschenschaften zu verbieten und die Karlsbader Beschlüsse letztlich das Verbot der öffentlichen, schriftlichen Meinungsfreiheit bedeuteten, war für Humboldt ein Endpunkt erreicht. Er forderte den Rücktritt Preußens von den Beschlüssen was im Umkehrschluss seine endgültige Entlassung aus dem Staatsdienst zur Folge hatte (vgl. Maskolat 1967, S.39f).

Wilhelm von Humboldt lebte von da an zurückgezogen in Tegel und widmete sich vorwiegend seinen Studien bis er am 8. April 1835 im Alter von 67 Jahren verstarb (vgl. Maskolat 1967, S.40).

3. Zeitgeschichtliche Strömungen

Das Leben Humboldts dient in vielerlei Hinsicht zur Erklärung seines Status *der* Reformer und Begründer eines neuen Schulsystems zu sein und prägend den Bildungsbegriff entwickelt zu haben. Wie aus seinem Lebenslauf hervorgeht, geschah dies aber weder im luftleeren Raum, noch ohne die Beeinflussung zeitgeschichtlicher Ereignisse, wobei hier die Französische Revolution hervorzuheben ist. Sie wird als Zäsur für die Menschen in Europa gedeutet und veranlasste, mit Ausgang aus humanistischem Gedankengut, die Postulierung des Anspruchs, dass Bildung keineswegs mehr ausschließlich als notwendige Grundlage zur Ausübung des gottgegebenen Berufes dienen müsse.

„Verlief bis dahin das Leben in seiner gottgewollten Ordnung, so war es fortan nicht mehr gleichsam zwingend, daß der Sohn eines Handwerkers etwa ebenso ein Handwerk erlernte" (Güsmer 1987, S.10).

Die Dynamik der Revolution forderte die Anerkennung eines universellen Anspruches auf Bildung, auch auf eine solche, welche als nicht notwendig, vormals sogar als nicht erwünscht, da über das für die Arbeit notwendig Maß hinausgehend, betrachtet wurde.

Ein weiterer Grund, welcher auch die Reformbestrebungen Preußens erklärt und es Humboldt erst ermöglicht wirken zu können, war die Erkenntnis, das eine grundlegende Erneuerung des Staates lediglich mit gelehrtem Personal und engagierten Staatsmännern zu erreichen war. Neben Veränderungen in der Staatsverwaltung, stärkste Kräfte waren hier die Minister Stein und Hardenberg, wurde die geistige Erneuerung im wesentlichen getragen von den Ideen Fichtes, Schleiermachers und Pestalozzis, welche eine Erziehung hin zu Selbstständigkeit und Nationalbewusstsein im humanistischen Sinne erreichen wollten (vgl. Müller 2003, S.140). Die Maßgebliche Gestaltung übernahm, wie bereits angerissen, Wilhelm von Humboldt.

4. Zum Bildungsbegriff Humboldts

Ausgangspunkt aller Überlegungen war die Zielsetzung, und diese war keineswegs von Humboldt entwickelt sondern entsprach dem propagierten humanistischen Ideal der Zeit, der Mensch solle in der Welt glücklich sein (vgl. Müller 1977, S.96). Humboldts Lehre wird demzufolge auch oft unter dem Passus der „Humanitätsidee" gefasst (vgl. Kawohl 1969, S.13). Als die Perspektiven unter denen der Humanismus zu fassen ist, eine ausgiebige Herleitung über die Protagonisten der zu Grunde liegenden Bildungstheorie muss an dieser Stelle unterbleiben, werden Psychologie, Ethik und Ästhetik genannt. Für Humboldt und seine Humanitätsidee ist, in starker Abhängigkeit zu den Lehren Kants, der Topos der Ethik bestimmend (vgl. Kawohl 1969, S.13). Im Unterschied zu den frühen Aufklärungspädagogen, welche in erster Linie den Erziehungsbegriff bemühen, prägt Humboldts Verständnis einer ethischen Pädagogik den Begriff der Bildung.

Der Bildungsbegriff sah eine, auf die im Kern des Individuums angelegten Fähigkeiten aufbauende, Entwicklung der Gesamtpersönlichkeit vor (Koselleck nach Groppe 2006, S.47). Augenmerk ist auf den Begriffswechsel von Erziehung hin zu Bildung zu legen, welcher den zentralen Unterschied zur Interpretation der Aufklärung dokumentiert. Das Individuum als solches wird Neubewertet und nicht mehr primär als Gemeinschaftswesen betrachtet sondern hat als freies Einzelwesen nunmehr einen Eigenwert. Mit den Worten Humboldts:

> „Im Mittelpunkt aller besonderen Arten der Thätigkeit nemlich steht der Mensch, der ohne alle, auf irgend etwas Einzelnes gerichtete Absicht, nur die Kräfte seiner Natur stärken und erhöhen, seinem Wesen Werth und Dauer verschaffen will" (Humboldt ca.1793, Theorie der Bildung des Menschen, hrsg. von Flitner, Giel 1960, S.235).

Im Gegensatz zu althergebrachten Interpretationen der Aufgabe des Menschen auf der Erde (der Aufklärungspädagoge Johann Bernhard Basedow erklärte zum Hauptzweck der Erziehung noch 1770 die Hinleitung und Vorbereitung zu einem gemeinnützigen, patriotischen und glückseligen Leben) stand nun zunächst die Ausbildung der eigenen Persönlichkeit, des „Selbst" im Vordergrund (Groppe 2006, S.47).

> „Der Wahre Zweck des Menschen – nicht der, welchen die wechselnde Neigung, sondern welchen die ewig unveränderliche Vernunft ihm vorschreibt – ist die höchste und proportionierlichste Bildung seiner Kräfte zu einem Ganzen. Zu dieser Bildung ist Freiheit die erste, und unerlassliche Bedingung" (Humboldt 1792, Ideen zu einem Versuch, die Gränzen der Wirksamkeit des Staats zu bestimmen, hrsg. von Flitner, Giel 1960, S.64).

Nicht mehr die gesellschaftlich, herkunftsorientierte Doktrin der Geburt sollte also über den Verlauf des Lebens entscheiden, sondern nur die in Freiheit getroffene, eigene Entscheidung auf der Grundlage der den eigenen, spezifischen Anlagen am besten entsprechende Ausbildung. Ziel war die also die beste Entwicklung der gegebenen Kräfte.

Dabei sollte diese Besinnung auf das Individuum nicht unter Abkehr von der Gesellschaft geschehen. Vielmehr fasste Humboldt die individuell-autonome Entfaltung im Dialog mit der Welt als beste Grundlage für den alle Kräfte des Menschen umfassenden Bildungsprozess. Letztlich sei es dann auch die Aufgabe des Daseins sich nicht von der Welt abzukapseln, sondern sich so in der Welt zu platzieren, das möglichst beide Seiten, Welt und Individuum, das höchste Maß an Gewinn aus der Wechselwirkung erzielen:

> „Die letzte Aufgabe unsres Daseyns: dem Begriff der Menschheit in unserer Person, sowohl während der Zeit unsres Lebens, als auch noch über dasselbe

hinaus, durch die Spuren des lebendigen Wirkens, wie wir zurücklassen, deinen so grossen Inhalt, als möglich, zu verschaffen, diese Aufgabe löst sich allein durch die Verknüpfung unsres Ichs mit der Welt zu der allgemeinsten, regesten und freiesten Wechselwirkung" (Humboldt ca.1793, Theorie der Bildung des Menschen, hrsg. von Flitner, Giel 1960, S.235).

Zusammenfassend ließe sich der Bildungsbegriff Humboldts also als die Maxime begreifen, nach der eigenen Vollendung des abstrakten „Selbst" unter Beachtung der individuellen Anlagen und Fähigkeiten zu streben und dies unter dem Aspekt, auch noch der Gesellschaft zuträglich zu sein. Führt dies zur Glückseligkeit, entspricht es dem Bildungsbegriff. Die Darstellung ist selbstverständlich verkürzt und fasst das Gesamtwerk Humboldts nur in rudimentären Ansätzen.

5. Literatur

Flitner, Andreas; Giel, Klaus (1960): Wilhelm von Humboldt – Werke in Fünf Bänden I – Schriften zur Anthropologie und Geschichte, 2., durchgesehene Auflage, Darmstadt.

Geier, Manfred (2009): Die Brüder Humboldt – Eine Biographie, Reinbek.

Groppe, Carola (2006): Pädagogik im 19. Jahrhundert. In: Harney, Klaus; Krüger, Heinz-Hermann (Hrsg., 2006): Einführung in die Geschichte der Erziehungswissenschaft und Erziehungswirklichkeit, 3. Auflage, Ulm, S.37-71.

Güsmer, Björn-Holm (1987): Wilhelm von Humboldt – Menschenbild und Bildungsphilosophie, Hamburg.

Kawohl, Irmgard (1969): Wilhelm von Humboldt in der Kritik des 20. Jahrhunderts, Ratingen.

Maskolat, Henny (1967): Überblick über das Leben Wilhelm von Humboldts II. Teil: 1806-1835. In: Hartke, Werner; Maskolat, Henny (Hrsg., 1967): Wilhelm von Humboldt – 1767/1967 – Erbe – Gegenwart – Zukunft, Halle, S.29-44.

Menze, Clemens (1966): Wilhelm von Humboldt und Christian Gottlieb Heyne, Ratingen.

Müller, Detlef K. (1977): Sozialstruktur und Schulsystem – Aspekte zum Strukturwandel des Schulwesens im 19. Jahrhundert, Göttingen.

Müller, Helmut M. (Hrsg. 2003): Schlaglichter der deutschen Geschichte, 2. aktualisierte Auflage 2003, Mannheim.

Paterna, Erich (1967): Überblick über das Leben Wilhelm von Humboldts I. Teil: 1767-1806. In: Hartke, Werner; Maskolat, Henny (Hrsg., 1967): Wilhelm von Humboldt – 1767/1967 – Erbe – Gegenwart – Zukunft, Halle, S.11-29.

Seibt, Gustav (2007): Bachelor und Master Studiengänge – Ende einer Lebensform.
Online im Internet: AVL: URL:
<http://www.sueddeutsche.de/jobkarriere/219/336068/text/>
(Stand 21.06.2007, Letzter Abruf 01.03.2010).

Wagner, Wolf (2008): Erst die Menschenbildung - Der verklärte Humboldt. Online
im Internet: AVL: URL:
<http://www.taz.de/1/zukunft/wissen/artikel/1/der-verklaerte-humboldt/>
(Stand 27.08.2008, Letzter Abruf 01.03.2010).